THÈSE

DE

LICENCE.

FACULTÉ DE DROIT DE TOULOUSE.

ACTE PUBLIC

POUR

LA LICENCE

En exécution de l'Article 4, Titre 2, de la Loi du 22 Ventôse an XII.

SOUTENU

Par M. DAUPHOLE (Edmond

Né à Montréal (Gers).

TOULOUSE,

Typographie Troyes OUVRIERS REUNIS,
Rue Saint-Pantaléon, 3.

—

1860.

A MON PÈRE, A MA MÈRE,

A MA GRAND'MÈRE,

A TOUS CEUX QUI ME SONT CHERS.

C.

Jus Romanum.

De vulgari et pupillari substitutione.

Civis Romanus testamentum suum ordinaturus directè et propriè hæredes potest instituere vel substituere. Hæredis institutio nihil aliud est quam directa instituti ad hæreditatem vocatio ; substitutio autem non est vocatio directa, sed potius subsidiaria, et sic testator in subsidium substitutum ad suam vocat hæreditatem ut sibi è vitâ discedere liceat securo. Nam ita substituendo certior factus fuit hæredem sivè directè institutum, vel saltem substitutum, suam personam post obitum sustinere.

Hæc substitutio vulgaris dicitur et primùm de illa nobis disserendum est.

Ex suprà dictis facillimè apparet vulgarem substitutionem generaliter hæreditariam definiri posse vel deinceps secundi hæredis ins-

A MON PÈRE, A MA MÈRE,

A MA GRAND'MÈRE,

A TOUS CEUX QUI ME SONT CHERS.

Jus Romanum.

De vulgari et pupillari substitutione.

Civis Romanus testamentum suum ordinaturus directè et propriè hæredes potest instituere vel substituere. Hæredis institutio nihil aliud est quam directa instituti ad hæreditatem vocatio ; substitutio autem non est vocatio directa, sed potius subsidiaria, et sic testator in subsidium substitutum ad suam vocat hæreditatem ut sibi è vitâ discedere liceat securo. Nam ita substituendo certior factus fuit hæredem sive directè institutum, vel saltem substitutum, suam personam post obitum sustinere.

Hæc substitutio vulgaris dicitur et primùm de illa nobis disserendum est.

Ex suprà dictis facillimè apparet vulgarem substitutionem generaliter hæreditariam definiri posse vel deinceps secundi hæredis ins-

titutionem. Hâc substitutione , ut jam dictum ʼest , testator sibi hæredem certissimè præbet , quia apud Romanos molestum erat intestatum
decedere quod duobus modis evenire poterat , scilicet : quia omnino
testamentum quis non fecerat vel injustum , aut quia hæres institutus
voluntatem testatoris spernens hæreditatem repudiaverat ; et ideo potest quis in suo testamento plures gradus hæredum facere : institutos qui
primo gradu scripti sunt , substitutos qui secundo gradu vel sequen-
tibus : ut puta si Mævius hæres non erit, Titius hæres esto; et deinceps.
— Et plures in unius locum possunt substitui , vel unus in plurium , vel singuli singulis ; quid tamen si hæredes instituti spernunt hæreditatem et illam quoque spernunt substituti cujuscumque
gradus ? Tunc , testamento destituto seu deserto , testator frustra ins-
tituit et substituit itaque intestatus moritur. Et hæc est ratio cur illi per-
missum est novissimo loco in subsidium servum instituere et ita hæredem
sibi necessarium scribere. Servus ita hæres necessarius factus sive nolens,
sive volens , universum jus defuncti sustinebat , et si testator solvendo
non erat bona hæreditaria servi nomine publicabantur. Permittitur enim
lege *Ælia Sentia* domino qui solvendo non est in testamento servum
unicum cum libertate hæredem instituere ut liber fiat hæresque solus et
necessarius.

Substitutio vulgaris fit simpliciter , vel reciprocè. Dicitur simplex
cum plures in unius locum , vel unus in locum plurium substi-
tuuntur.

Fieri reciprocè dicitur cum hæredes instituti sibi invicem substi-
tuuntur ; ut puta : Primus , secundus et tertius hæredes sunto , eosque
omnes invicem substituo ; cum testator talem reciprocam scripsit
institutionem , hoc fecisse videtur ut jus adcrescendi impediret; magna
enim differentia inter substitutionem et jus adcrescendi pendet. Bene-
ficium enim substitutionis illis tantum prodest qui vivunt in hoc mo-
mento quo certum est hæredem institutum ad hæreditatem non ve-
nire ; et ideo coheredi substituto vivo defertur ex substitutione hæreditas , non etiam si discesserit hæredem ejus sequitur ; itaque

persona ipsa substituti ad hæreditatem admittitur. Jus autem adcrescendi portionem non personam spectat ; portio enim portioni adcrescit (1).

Constat substitutum cum institutum concurrere non posse, et evanescere subtitutio cum ab instituto hæreditas acquiritur. — Denique placuit substitutum substituto sinceri substitutum instituto ; itaque duobus hæredibus institutis Mœvio et Sempronio — Sempronium , Mœvio substituit ; Sempronio autem Titium substituit si Mœvius et Sempronius ad hæreditatem non veniunt ; Titius ad partem Sempronii et ad partem Mœvii tanquam substitutus admitti debet, sine ulla distinctione, id est quamvis Sempronius prior decesserit aut Mœvius.

Videamus nunc quid advenerit si servus homo liber opinatus instituatur, et alius ei vulgariter substituatur? Mortuo enim testatore, servus institutus jussu domini hereditatem adit ; substitutus autem hereditatem petit , contendens servum non esse heredem , quia hereditas non ad personam servi sed ad personam domini ipsius , quam non spectabat testator advenit , et ideo conditionem substitutionis impletam esse. Constituit Tiberius in hoc casu Mœvium in partem admittendum esse , nam , ut dicit Julianus (constitutionem Tiberii Cesaris referens) : hoc sermone , si heres non erit , nihil aliud significat quam si hereditatem vel sibi acquisierit , vel mutata conditione alium heredem non fecerit , quæ adjectio ad eos pertinet , qui patresfamilias heredes scripti postea in servitutem reducti fuerint. Quæritur ad quam partem in eodem casu subtitutus admittitur ? Non ad dimidiam sed ad quadrantem, nam secundum Julianum hereditas in duos semisses dividitur quorum alter semis domino servi instituti tribuitur , et alter inter eumdem dominum et substitutum æqualiter dividitur. (L. 40 , dig. , lib. 28 , tit. 5.)

____

(1) Leg. 9 , Dig. — Lib. 38 , tit. 16. — Leg. 23 Dig. — Lib. 28 , tit. 6.

CAPUT SECUNDUM.

De pupillari substitutione.

Pupillaris substitutio nihil aliud est quam heredis institutionem à patrefamilias factam nomine filii adhuc in potestate testatoris ; veluti si quis dicat hoc modo : Titius filius meus heres mihi esto ; si filius meus mihi heres non erit , sive heres erit et prius moriatur quam in suam tutelam venerit (id ut pubes factus sit) ; tunc Seius heres esto.

Paterfamilias qui substitutionem pupillarem vult facere , prius proprium suum testamentum ordinare et ibi legem hereditatis suæ scribere debet. Duo erunt igitur testamenta quorum alter ad hereditatem patris spectat , alter ad hereditatem pupilli si pupillus ante pubertatem moriatur , sed verius est dicere unum esse testamentum duas institutiones circa duas hereditates continens.

Hoc moribus introductum est ; sed quia ex jure patriæ potestatis descendit facultas testamentum facere filio impuberi notandum est filiis emancipatis testamentum facere non posse pater ; posthumis tamen vel nepotibus vel etiam adoptatis potest. Igitur , mater neque ayus maternus testamentum filiis vel nepotibus facere possunt. Generaliter dicendum est heredem qui substitutus est impuberi ad omnia bona quæ in hereditatem pupilli continentur sine ulla distinctione admittendum esse ; et amplius non poterit hereditates separare ita ut filii hereditatem habeat, patris autem non habeat ; sed aut utriusque debet hereditatem habere aut neutrius. Nam secundum Ulpiani sententiam juncta hereditas cæpit esse.

In adrogato autem impubere dicendum est ad substitutum ejus ab adrogatore datum non debere pertinere ea quæ haberet si adrogatus non esset : sed ea sola quæ ipse ei dedit adrogator ; sed in hoc casu variebatur apud Prudentes , sicut intelligi potest ex lege 10 , Dig. L. 28 , t. 6.

Videamus nunc quando cessat pupillaris institutio ; et generaliter dicendum est substitutionem cessare cùm filius ad hanc ætatem pervenerit ut testamentum facere possit, et secundùm Pomponii sententiam finitur substitutio pubertati, licet longius tempus comprehensum fuerit.

Ad exemplum pupillaris substitutionis introducta est quasi pupillaris substitutio, sive exemplaris. Sed de illâ non est nobis tractandum ; sufficit ut admoneamus hanc substitutionem non descendere ex patriâ potestate, et ideò non solùm patri, sed etiam matri vel avo materno permittitur substituere certas personas filiis vel nepotibus mente captis.

QUÆSTIO.

Quæritur an quasi pupillariter substitui possit filio in totum exheredato ? — Ita.

Code Napoléon.

Priviléges et hypothèques.

Du principe de la publicité des priviléges et hypothèques. — Du mode de leur inscription. — De la radiation et de la réduction des inscriptions.

La publicité est aussi utile pour les priviléges que pour les hypothèques. Il importe, en effet, que le public soit averti des charges qui
pèsent sur la propriété foncière ; mais la même nécessité ne se fesait
pas sentir à l'égard des priviléges généraux sur les meubles ; aussi l'article 2107 excepte de la formalité de l'inscription les priviléges énoncés
en l'art. 2101 ; d'un autre côté, l'hypothèque légale existant au profit
des femmes mariées, des mineurs ou interdits, est en principe
dispensée-d'inscription ; mais cependant, dans certain cas, cette hypothèque devra devenir publique par l'inscription, et l'acquéreur des
immeubles hypothéqués pourra mettre le créancier en demeure de prendre incription.

Occupons-nous d'abord des règles qui concernent la publicité des priviléges.

Le type idéal dont la réalisation rendrait parfait le système hypothécaire consisterait en ce que les biens apportés par le créancier privilégié dans le patrimoine du débiteur fussent publiquement grevés du privilége et que cette publicité commençât à partir de la naissance même du privilége et durât tout le temps pendant lequel les tiers pourraient traiter avec le débiteur. Sous l'empire du Code Napoléon, ce but n'avait été atteint que pour ce qui concerne le privilége des architectes et ouvriers ; mais depuis les importantes modifications résultant de la loi du 23 mars 1855, il faut reconnaître qu'il en est de même du privilége des vendeurs ; c'est, en effet, dans ce sens qu'il faut aujourd'hui interpréter les art. 2106 et 2108. — Aux termes de l'art. 2106, « entre les créanciers, les priviléges ne produisent d'effet à l'égard des immeubles qu'autant qu'ils sont rendus publics par inscription sur les registres du conservateur des hypothèques de la manière déterminée par la loi, et à compter de la date de cette inscription. »

Il semblait résulter de cet article que le privilége ne produisant son effet qu'à la date de l'inscription, serait placé par conséquent sur la même ligne que les hypothèques ; alors, il ne serait plus vrai de dire que le privilége constitue un droit de préférence résultant de la seule qualité de la créance ; ce droit ne résulterait que de l'inscription ; aussi la plupart des auteurs reconnaissaient-ils que les priviléges primaient toujours les hypothèques, alors même que les formalités requises pour leur conservation n'avaient été remplies qu'à une époque postérieure à celle où les hypothèques avaient été inscrites .

Dans ce système, l'art. 2106, en déclarant que les priviléges produisaient leurs effets à compter de la date de leur inscription, voulait dire seulement que le privilége ne pouvait être invoqué que s'il avait été inscrit ; mais que l'inscription, quelle que fût sa date, avait un effet rétroactif au jour où le privilége avait pris naissance. Cette interprétation ne paraissait pas devoir être admise ; en effet, l'inscription d'un privilége a pour but d'avertir le tiers en le rendant public et en mettant ainsi les tiers à même de connaître, avant de traiter, la véritable situation du débiteur. Or, quelle pouvait être l'utilité d'une inscription ayant

2

un effet rétroactif, à l'égard des créanciers ayant inscrit une hypothèque dans l'intervalle séparant la naissance du privilége de son inscription ? Aussi plusieurs jurisconsultes soutenaient avec raison, pensons-nous, que l'inscription dont parlait l'art. 2106 était inutile et que cet article rédigé à une époque où les principes de la loi de brumaire étaient en vigueur, avait perdu sa signification première depuis que les principes de la loi de brumaire avaient été abandonnés. Et cette observation nous conduit à examiner sommairement l'historique de la question.

Sous l'empire de la loi de brumaire an VII, la propriété n'était transférée à l'égard des tiers que par la transcription de l'acte d'aliénation ; jusqu'à ce moment le vendeur restait propriétaire à l'égard des tiers ; par conséquent, il ne pouvait être question pour lui d'un privilége ; sa qualité de propriétaire ne l'avait jamais quitté ; l'aliénation, tant qu'elle n'avait pas été transcrite, était non-avenue à l'égard des tiers. Son privilége ne commençait donc à naître qu'à partir du moment où la vente devenait parfaite à l'égard des tiers, c'est-à-dire à partir de la transcription de cette vente au bureau des hypothèques.

C'est dans cet esprit que furent rédigés les art. 2106 et 2108. Or, l'article 2108 déclarait que la transcription faite par l'acquéreur valait inscription pour le vendeur ; par conséquent il était vrai de dire ce que dit l'art. 2106, qu'entre les créanciers les priviléges, du moins en principe, ne produisaient leur effet que par leur inscription et à la date de cette inscription ; l'inscription, en effet, avait lieu en même temps que le privilége prenait naissance ; il ne pouvait donc être question de l'effet rétroactif de cette inscription. Mais la loi du 18 brumaire ayant été considérée comme abrogée, les deux articles précités perdirent leur signification ; cette signification leur a été restituée par la loi du 23 mars 1855.

Ainsi donc aujourd'hui le privilége du vendeur est rendu public à partir de sa naissance par la transcription du titre qui a transféré la propriété à l'acquéreur, et qui constate que la totalité ou partie du prix est encore due au vendeur ; mais indépendamment de son privilége, le vendeur peut aussi exercer une action en résolution du contrat ; il importe d'en dire un mot.

Avant la modification de l'art. 717 du Code de procédure, et avant que la loi du 23 mars 1855 eût été portée, l'action en résolution de la vente accordée au vendeur anéantissait le crédit foncier , car le vendeur non payé du prix de vente pouvait reprendre son immeuble en quelques mains qu'il eût passé ; et si la prescription n'était pas accomplie, les charges réelles dont il était atteint disparaissaient.

L'art. 717, modifié en 1841, a voulu garantir l'adjudicataire sur expropriation forcée des effets de l'action résolutoire.

« Aussi l'adjudicataire , dit-il, ne pourra être troublé dans sa propriété par aucune demande en résolution fondée sur le défaut de paiement du prix des anciennes aliénations, à moins qu'avant l'adjudication la demande n'eût été notifiée au greffe du tribunal où se poursuit la vente. »

La loi de 1858 a voulu donner au vendeur une garantie plus grande. La sommation doit, d'après l'art. 692, être adressée aux domiciles élus dans les inscriptions. Mais dans le cas où l'élection de domicile du vendeur serait inconnu, l'art. 692 obvie à cette difficulté :

« La sommation à ce créancier sera faite, dit-il, à défaut de domicile par lui élu, à son domicile réel ; pourvu qu'il soit fixé en France. »

La loi a donc donné au vendeur suffisamment de moyens pour garantir ses droits , et l'adjudication une fois faite, s'il n'est pas colloqué sur ce prix, il ne pourra se plaindre.

Les principes qui régissent la conservation du privilége du vendeur, sont à peu près les mêmes pour la conservation du privilége des architectes et ouvriers , art. 2103, § 4, et 2110.

Ils conservent en effet leur privilége par la double inscription :

1° Du procès-verbal qui constate l'état des lieux ;

2° Du procès-verbal de réception, et cette double inscription leur assure le privilége à la date de l'inscription du premier procès-verbal.

C'est de ces deux priviléges, celui du vendeur et celui des architectes, seulement qu'il est vrai de dire qu'ils produisent leur effet à la date de leur inscription laquelle est concomitante avec leur naissance ; car l'art. 2106 nous dit qu'il y a des exceptions à ce principe, c'est-à-dire des hypothèses où le privilége existe quelque temps avant d'être rendu public. En effet, ce résultat a lieu :

1° Pour le privilége du vendeur dans un cas particulier ;

2° Pour le privilége des copartageants ;

3° Pour le privilége des créanciers séparatistes.

En ce qui touche le privilége du vendeur, l'art. 6 de la loi sur la transcription, après avoir décidé que, à partir de la transcription, les créanciers privilégiés, ou ayant hypothèque, aux termes des articles 2123, 2127 et 2128 du Code Napoléon, ne peuvent prendre utilement inscription sur le précédent propriétaire, prévoit le cas où l'acquéreur revendrait lui-même l'immeuble et où la transcription de la revente serait terminée avant la transcription de la vente: Dans cette hypothèse, il dispose que le vendeur ou le copartageant pourront utilement inscrire les priviléges à eux conférés par les art. 2108 et 2109 du Code Napoléon dans les quarante-cinq jours de l'acte de vente ou de partage, nonobstant toute transcription d'actes faits dans ce délai. Par conséquent, le privilége du vendeur existera, dans ce cas, un peu avant d'avoir été rendu public.

Relativement au privilége des copartageants, l'art. 2109 dispose :
« Le cohéritier ou copartageant conserve son privilége sur les biens
» de chaque lot ou sur le bien licité, pour les soultes et retour des lots,
» ou pour le prix de la licitation par l'inscription faite à sa diligence,
» dans soixante jours, à dater de l'acte de partage, ou de l'adjudication
» par licitation durant lequel temps aucune hypothèque ne peut avoir
« lieu sur le bien chargé de soulte ou adjugé par licitation, au préjudice
» du créancier de la soulte ou du prix. »

Il faut remarquer que lorsque il y a eu revente par l'un des copartageants des immeubles compris dans son lot. l'art. 2109 est modifié par l'art. 6, § II de la loi du 23 mars 1855 précité, c'est-à-dire que s'il y a eu revente, le copartageant ne pourra plus inscrire son privilége, si plus de quarante-cinq jours se sont écoulés depuis le partage.

Enfin les créanciers qui demandent la séparation des patrimoines conservent leur privilége par une inscription prise dans les six mois à compter de l'ouverture de la succession.

Toute créance privilégiée à l'égard de laquelle les prescriptions ci-dessus indiquées n'ont pas été remplies perdent leur caractère privilégié et dégénèrent en hypothèques, par conséquent leur inscription tardive ne produit d'effet qu'à partir de sa date.

Examinons maintenant les règles relatives à l'inscription des hypothèques. Aux termes de l'art. 2166 «les créanciers ayant privilége ou hypo- » thèque inscrite sur un immeuble, le suivent en quelques mains qu'il « passe, pour être colloqués et payés suivant l'ordre de leurs créances » ou inscriptions. » Il fallait donc, d'après cet article, que l'inscription fût faite au moment de l'aliénation ; mais les articles 834 et 835 du Code de Procédure civile vinrent accorder au créancier qui avait le droit de s'inscrire antérieurement à l'aliénation la faculté de prendre utilement inscription dans la quinzaine de la transcription de cet acte. Mais l'art. 6 de la loi du 23 mars 1855 a abrogé les art. 834 et 835; et aujourd'hui les créanciers ayant hypothèque ne peuvent, à partir de la transcription, prendre utilement inscription sur le précédent propriétaire.

Il faut remarquer que l'hypothèque légale des femmes mariées, mineurs ou interdits est, en principe, dispensée d'inscription (2135). En effet, l'hypothèque accordée aux mineurs et interdits eût été une garantie illusoire, si on l'eût soumise à la formalité de l'inscription, car ces personnes étant en fait incapables de faire des actes conservatoires de leurs droits, cette inscription n'eût jamais été prise.

C'est par le même motif que la femme est dispensée de faire inscrire son hypothèque ; placée sous l'influence de son mari, elle eût presque toujours négligé de faire un acte dont celui-ci peut avoir à souffrir. Quoique l'efficacité des hypothèques des mineurs, interdits et femmes mariées ne soit pas, pendant la tutelle ou le mariage, soumise à l'inscription, la loi, dans l'intérêt des tiers, prend des mesures pour que ces inscriptions hypothécaires soient connues.

Les personnes obligées de requérir l'inscription sont :

1o Les maris ;

2º Les tuteurs.

Cette obligation a une sanction, qui consiste à les réputer stellionataires, et, comme tels, contraignables par corps lorsqu'ils ont *consenti ou laissé prendre* des hypothèques et priviléges sur leurs *immeubles*, sans déclarer qu'ils étaient grevés de l'hypothèque légale des femmes et mineurs.

Le subrogé-tuteur est-il tenu sous sa responsabilité personnelle, et envers qui est-il responsable? — Nous croyons qu'il l'est à l'égard du mineur — et à l'égard des tiers.

Il l'est à l'égard du mineur à cause du droit de suite. La position de ce dernier est plus favorable quand son hypothèque est inscrite. — Il l'est à l'égard des tiers quand ils ont traité avec le tuteur dans l'ignorance de l'hypothèque du mineur. — Il est certain que le subrogé-tuteur est en faute s'il n'a pas satisfait aux devoirs que la loi lui impose ; cette faute a pu être préjudiciable aux tiers qui ont prêté des fonds au tuteur dans l'ignorance de l'hypothèque qui grevait ses biens ; — or, toute faute dommageable fait naître, pour son auteur, l'obligation de réparer le dommage causé.

Enfin le procureur impérial. — Mais la loi ne parle ici d'aucune responsabilité ; c'est une obligation dénuée de sanction civile. Dans l'intérêt du crédit public, la loi du 23 mars 1855 est venue restreindre ce qu'il y avait d'exagéré dans la dispense d'inscription concernant les hypothèques légales. Nous lisons, en effet, dans l'art. 8 de cette loi :

« Si la veuve, le mineur devenu majeur, l'interdit relevé de l'inter
» diction, leurs héritiers ou ayant-cause n'ont pas pris inscription dans
» l'année qui suit la dissolution du mariage ou la cessation de la tutèle,
» leur hypothèque ne date, à l'égard des tiers, que du jour des inscrip
» tions prises ultérieurement. »

D'un autre côté, l'acquéreur des immeubles grevés d'une hypothèque légale pourra, en se conformant aux dispositions de l'art. 2194, purger les hypothèques légales qui existeraient sur les biens par lui acquis. Ces biens, en effet, passeront à l'acquéreur sans aucune charge, à raison des hypothèques légales dont il s'agit, si ces hypothèques n'ont pas été inscrites dans le délai légal.

Du mode d'inscription.

Dans chaque arrondissement du tribunal de première instance se trouve un bureau de conservation des hypothèques. C'est au chef de ce bureau que celui qui requiert l'inscription doit s'adresser. Le créancier, ou celui qui le représente, doit remplir certaines formalités, dont l'utilité ne saurait faire l'objet d'une discussion.

1° Il doit présenter au conservateur l'original en brevet, ou une expédition authentique du jugement qui donne naissance à l'hypothèque. L'omission de cette formalité n'est pas prescrite à peine de nullité (arrêt de la Cour de Cassation du 19 juin 1833), car elle n'a pour but que de mettre à couvert la responsabilité du conservateur. Il faut aussi remplir une formalité des plus importantes : c'est la présentation de deux bordereaux qui doivent contenir : en premier lieu la détermination claire, évidente de la personne du débiteur et celle du créancier; 2° l'élection de domicile du créancier dans un lieu de l'arrondissement du bureau dans lequel les biens sont situés; 3° les nom, prénom, domicile du débiteur, sa profession, sa désignation individuelle et spéciale; 4° la date et la nature du titre; 5° le montant du capital des créances et l'époque de l'exigibilité; 6° l'indication de l'espèce et de la situation des biens sur lesquels il entend conserver son privilége ou son hypothèque.

Cette dernière disposition, dit la loi, n'est pas nécessaire dans le cas des hypothèques légales ou judiciaires. Une simple inscription frappe tous les immeubles compris dans l'arrondissement du bureau.

Le conservateur des hypothèques inscrit les bordereaux et remet au requérant les actes qui ont motivé l'inscription. Il y joint un des bordereaux, au bas duquel il certifie avoir fait l'inscription. Le créancier inscrit pour un capital produisant intérêt ou arrérages a droit d'être colloqué pour deux années et pour l'année courante.

En principe, les intérêts formant un accessoire de la dette principale, devraient être conservés également par l'inscription.

Il en était ainsi dans l'ancien Droit; mais le système de publicité eût été blessé si une seule inscription eût pu conserver une masse d'intérêts qui aurait peut-être dépassé le capital énoncé seul dans l'inscription.

On a donc décidé que cette inscription ne profiterait au créancier que pour le principal et deux années d'intérêt et l'année courante. Mais l'art. 2151, qui contient cette disposition, ne s'applique ni aux hypothèques légales, ni au privilége du vendeur. D'un autre côté cet article est uniquement destiné à régir les rapports des créanciers inscrits entr'eux; mais entre chaque créancier inscrit et le débiteur il faut appliquer les principes généraux, et tous les intérêts non payés seront dus, sauf au débiteur à se prévaloir de la prescription quinquennale.

L'hypothèque donne au créancier un droit toujours nouveau pour garantir sa créance. Mais cette garantie ne pouvait avoir une durée aussi longue que l'action, car elle aurait pu se prolonger indéfiniment, et il eût alors été de toute impossibilité au conservateur de se retrouver au milieu de cette quantité de registres à tenir. Aussi la loi a obvié à ces inconvénients dans l'article 2154, qui fixe cette durée à dix ans. Ce délai expiré, le créancier hypothécaire rentre dans l'ordre des créanciers ordinaires; mais il peut prendre une nouvelle inscription, qui n'a pas d'effet rétroactif et il est primé par toutes les inscriptions antérieures. Les frais d'inscription sont, en principe, à la charge du débiteur, sauf les distinctions faites par l'art. 2155.

De la radiation des inscriptions.

L'hypothèque inscrite conformément aux règles posées dans le Code a une existence qui ne peut être anéantie que par le créancier dont elle garantit les droits. — Le créancier peut renoncer à ses droits. — L'hypothèque n'est que l'accessoire de l'obligation; car si cette obligation vient à s'éteindre, l'hypothèque n'a pas sa raison d'être.

Le débiteur, une fois l'obligation éteinte, a intérêt à dégrever sa propriété et à relever ainsi son crédit ; à cet effet le requérant en radiation dépose au bureau du conservateur l'expédition de l'acte authentique portant consentement ou celle du jugement.

Pour hypothéquer et pour donner main-levée de l'hypothèque, il faut être capable d'aliéner.

L'hypothèque est une sûreté donnée à la créance du débiteur. Mais il arrive souvent que l'hypothèque garantissant une faible créance, est portée sur tous les domaines du débiteur sans limitation convenue, et qu'elle frappe plus de biens qu'il n'est nécessaire à la sûreté de la créance ; alors le débiteur peut intenter l'action en réduction des inscriptions ou en radiation d'une partie, en ce qui excède la proportion convenable. La réduction n'est donc qu'une radiation partielle. Mais cette réduction ne s'applique pas aux hypothèques conventionnelles, ainsi que le déclare avec raison l'art. 2161.

Le Code nous donne ensuite la manière de reconnaître les inscriptions excessives.

D'autres fois l'excès est arbitré par les juges d'après les circonstances, les présomptions des faits, de manière à concilier les droits vraisemblables du créancier, avec l'intérêt du crédit raisonnable à conserver au débiteur.

QUESTIONS.

1. Le conservateur des hypothèques est-il tenu, en vertu de l'art. 2108, de prendre inscription d'office au profit des créanciers délégataires du prix ? — Oui, si l'acte de vente constate l'acceptation de la délégation par les créanciers.

Quelle est l'année courante dont parle l'art. 2151 ? — C'est celle en train de courir, partie échue, au moment où le débiteur cesse de devoir les intérêts et où c'est le tiers acquéreur qui le doit.

Droit Commercial.

Lettre de change.

Son origine, son but, ses formes.

Son origine. — Son but.

Beaucoup de penseurs et d'écivains ont toujours voulu rechercher des lois qui aient présidé à la naissance de toutes les institutions, qui ont, à juste titre, mérité l'approbation des hommes. — Ils ne peuvent comprendre que plusieurs faits successivement modifiés soient parvenus à former un être complet, une institution particulière qui a tout perdu de son caractère primitif. — D'autres ont prétendu trouver l'origine de la lettre de change dans des faits, des éléments qui n'ont pas même servi à en donner l'idée ; c'est le défaut dans lequel sont tombés les auteurs qui ont voulu traiter cette matière. D'autres ont eu moins en vue l'intérêt de la science, que de flatter l'amour-propre national de tel ou tel peuple.

D'un côté, les auteurs Italiens ont voulu faire remonter l'origine de

la lettre de change, à l'expulsion des Guelphes par les Gibelins.   D'un
autre côté, les auteurs Français ont voulu fixer son origine à l'époque
de l'expulsion des juifs ; mais il y a eu trois expulsions successives.
Leurs raisons ne sont pas meilleures que celles des auteurs Italiens.
Nous croyons qu'on doit chercher l'explication de cette création dans
l'étude des besoins auxquels on a voulu satisfaire par cette institution.
— Il est néanmoins avéré qu'elle existait dès longtemps parmi les
commerçants avant d'être formulée ; et l'on a trouvé des Chartes du
XIIe siècle contenant des dispositions sur la lettre de change. —
Vers le milieu du moyen-âge, grâce au progrès déjà sensible de la
civilisation, l'on vit s'étendre le commerce, et les relations commer-
ciales prendre un plus grand développement ; le transport du numéraire
ne pouvait qu'imparfaitement se faire, et surtout avec sûreté ; d'un autre
côté, un grand nombre de princes, prenant le numéraire, dont le principal caractère est d'être le signe représentatif de la richesse pour la
richesse elle-même, en avaient prohibé l'exportation. — Pour éluder ces
prohibitions, on eut alors recours à un papier qui représentât l'argent, et qui pût procurer une circulation plus prompte et plus efficace ;
ce papier représentait le transport fictif de l'argent (*nummus papirus*.)
Il ne faut pas croire que la lettre de change ait été créée dans l'unique
but de transporter le numéraire ; mais aussi dans le but d'agrandir le
crédit. Le signataire frappe monnaie, pour ainsi dire, il met dans le
commerce des valeurs qu'il peut ne pas avoir. L'on peut donc dire que
l'insuffisance du numéraire, la difficulté de son transport et la prohibi-
tion de son exportation, furent les principales causes qui amenèrent
l'invention de la lettre de change.

Mais aujourd'hui la lettre de change n'a plus pour but d'éviter le transport du numéraire, ou d'éluder des prohibitions ; elle sert principalement
à élargir le crédit et à déguiser un cautionnement ; en effet, en matière
commerciale, un cautionnement directement sollicité par un commerçant,
ruinerait complétement son crédit ; mais avec l'aide de la lettre de change,
il peut se faire cautionner indirectement ; celui qui cautionne pourra,
en effet, jouer le rôle de co-tireur ou d'endosseur, et les fonds qui n'au-

raient pas été avancés au tireur, vu son peu de crédit, le seront sans difficulté, à cause de la solvabilité de celui qui lui a prêté sa signature.

La lettre de change, disent certains auteurs, est la preuve de l'exécution d'un contrat de change, ou le mode d'exécution de ce contrat; suivant Pothier, c'est un mandat; suivant Heïnneccius, un contrat formé de plusieurs autres contrats; suivant certains, une cession. — Le législateur incertain a partagé cette confusion.

Quant à nous, nous disons que la lettre de change constitue, à elle seule, une valeur *in rem*, absolue, indépendante de toute relation contractuelle; et les signataires de la lettre de change se bornent à garantir son encaissement. En effet, comment nier qu'il en soit ainsi, lorsqu'on voit des commerçants souscrire des lettres de change après un achat, et se regarder comme libérés; d'un autre côté, son émission fait cesser les intérêts de courir.

Les auteurs se basant sur l'article 110, définissent la lettre de change : Un acte en forme de lettre missive, par lequel un individu mande à un autre individu de payer en un lieu autre que celui où la lettre de change est tirée une somme d'argent ou valeur reçue dans un autre lieu. — Cette définition peut être légale, mais elle ne répond pas toujours au but du commerçant : celui de suppléer la rareté du numéraire et de favoriser le développement du crédit commercial.

Formes de la lettre de change.

Les énonciations exigées et requises pour la validité de la lettre de change sont au nombre de neuf.

Nous allons examiner chacune de ces énonciations.

1° *La lettre de change doit être tirée d'un lieu sur un autre.* — Ainsi ne l'ordonnait pas l'ordonnance de 1673. Faudrait-il que ce soit d'une place de commerce sur une autre place de commerce? Non, car si la lettre de change devait toujours être tirée d'une place de commerce sur une autre, ce serait une restriction qui serait préjudiciable au commerce. — Le législateur, à dessein, n'a pas fixé la distance qui doit exister entre les deux lieux : c'est là une question de fait abandonnée à la sagesse des magistrats qui ont, à cet égard, un pouvoir discrétionnaire ;

2o *Elle est datée.* — La lettre doit contenir l'indication par jour, mois et an, de l'époque où elle a été souscrite. — La date, dit-on, est requise pour que l'on puisse reconnaître si le tireur était capable au moment de la souscription de la lettre, et aussi afin d'enlever à un tireur commerçant, qui serait sur le point de faillir, la possibilité de nuire à ses créanciers. Mais il faut reconnaître que si tel est le but que le législateur s'est proposé d'atteindre, il sera bien facile d'éluder ces prescriptions en antidatant la lettre de change. Il vaut mieux reconnaître qu'il n'y a pas de motifs sérieux qui exigent la mention de la date ; si elle a été exigée, c'est probablement parce que la lettre de change affecte la forme d'une lettre missive et qu'on est dans l'usage de dater ces sortes de lettres.

Certains auteurs prétendent que la date est requise, à peine de nullité de la lettre de change. Cependant l'art. 110 ne le dit pas ; d'un autre les billets de banque ne sont pas datés.

3o *Elle énonce la somme à payer.* — La somme énoncée peut être écrite en chiffres ou en toutes lettres ; il faut que ce soit une somme d'argent ; toute autre chose, des denrées, par exemple, ne pourraient être l'objet d'une lettre de change ;

4o *Le nom de celui qui doit payer.* — La lettre doit contenir le nom de celui qui doit payer, c'est-à-dire du tiré. Si le tireur et le tiré étaient une seule et même personne, ce ne serait plus une lettre de change, mais un billet *à domicile*. Pas de difficulté lorsque le tireur et le tiré sont deux personnes différentes ; mais si la même personne joue les deux rôles, ce qui arrive quand un négociant veut se procurer de l'argent à la faveur de son crédit, alors certains auteurs sont dans un grand embarras. Les uns ont déclaré que l'acte ne valait pas comme lettre de change, et puis, par d'ingénieuses explications, ont admis qu'il pourrait avoir ce caractère. Il est certain qu'il faut admettre la validité de cet acte, car le tiré n'est le plus souvent qu'un homme de paille, n'étant pas obligé d'accepter la lettre de change et dont l'acceptation d'ailleurs n'ajouterait rien aux garanties que le porteur a pu espérer ;

5o *Indication de l'époque du paiement.* — La lettre de change indique l'époque à laquelle elle sera payable; elle peut l'être, soit à l'expiration d'un certain nombre de jours, de semaines, de mois de date ou à un certain nombre d'usances (1) de date, ou bien à vue, c'est-à-dire à l'instant où elle sera présentée au tiré. — L'époque du paiement ne pourrait pas être subordonnée à l'arrivée d'un jour incertain, tel que la mort d'un individu ou à l'avénement d'une condition. Le porteur, dit l'art. 146, ne peut être forcé d'accepter le paiement avant l'échéance; mais l'acceptation de celui-ci ne libérerait pas le tiré si l'un des endosseurs était incapable.

6o *Du lieu du paiement.* — La lettre de change doit aussi indiquer le lieu où elle est payable; ce lieu est mis ordinairement dans la lettre au dessous du nom du tiré. — Le domicile du tiré et le domicile de celui qui doit payer peuvent être différents. Une lettre de change peut être tirée sur un individu et payable au domicile d'un tiers qui prend le nom de domiciliataire (art. 111, C. Comm.). Au moment de la création de la lettre de change, le domicile indiqué pour le paiement doit être désigné par le tireur, ou postérieurement par le tiré accepteur (art. 123 C. Comm.).

7o *Nom de celui à qui ou à l'ordre de qui la lettre de change est payable,* c'est-à-dire du porteur, et contenir aussi la *clause à ordre* au profit de ce dernier. Il doit être dit, par exemple: Payez à un tel ou à son ordre, ou: Payez à l'ordre d'un tel. — Une lettre de change peut être à l'ordre du tireur lui-même, ou à l'ordre d'un tiers. — Le plus souvent ce tiers n'est autre que le donneur de valeurs. — Quand elle est à l'ordre du tireur lui-même, les auteurs partisans du contrat de change seront embarrassés dans l'explication de la loi.

8o *Déclaration de la valeur fournie.* — La lettre de change doit énoncer la valeur fournie en espèces, marchandises, en compte, ou de toute autre manière. C'est ce qu'on appelle causer la lettre de change. Si le législateur

(1) On entend par usance une période qui est, en France, de 30 jours.

a exigé que la lettre de change soit causée, c'est parce qu'il a subi l'influence de la doctrine surannée qui ne voit dans la lettre de change que le mode d'exécution d'un contrat ; mais il n'y a pas de raison sérieuse qui motive cette prescription ; aussi les commerçants l'ont-ils éludée dans la pratique en employant des formules ne présentant souvent aucune espèce de sens, telles que : *valeur entendue, valeur entre nous, valeur en moi-même ;*

9° *Signature du tireur.* — Quoique la loi ne le dise pas, il est certain que la lettre de change, lorsqu'elle est faite par acte sous-seing privé, comme cela se pratique ordinairement, doit, à peine de nullité, être signée par le tireur. — Si le tireur ne sait pas écrire, rien ne s'oppose à ce que la lettre de change soit faite par acte notarié.

QUESTION.

La clause à l'ordre est-elle de l'essence ou seulement de la nature de la lettre de change ? — Elle est simplement de sa nature.

Droit Administratif.

Juridiction gracieuse.

Les chemins vicinaux se divisent, d'après leur importance, en chemins de grande communication et chemins vicinaux ordinaires (art. 7, loi 1836.

Les chemins vicinaux non classés, prennent plus particulièrement le nom de chemins communaux. L'intérêt qu'il y a à distinguer entre les chemins vicinaux et ceux qui ne le sont pas, consiste en ce que, d'après la loi du 21 mai 1836, les communes ne sont obligées d'entretenir que les chemins vicinaux légalement reconnûs ou déclarés tels et que ce n'est qu'à l'entretien de ces chemins que peuvent être appliquées les finances et autres ressources mises dans ce but à la disposition des communes. — Elles ne pourraient les appliquer à l'entretien des chemins simplement communaux. — Il résulte de divers décrets et lois, et surtout des lois des 28 juillet 1824 et 21 mai 1836, que l'administration active au premier chef est investie du droit de faire les réglements concernant les chemins vicinaux, et de veiller à la conservation de ces chemins.

A l'administration appartient le droit de classer, reconnaître ou déclasser les chemins vicinaux. C'est à elle qu'appartient aussi le droit d'apprécier l'utilité communale de ces chemins. Le classement d'un chemin communal parmi les chemins vicinaux est d'un intérêt réel pour la commune, car son entretien est moins onéreux et beaucoup mieux dirigé. Le classement s'opère sur un état dressé par le maire des chemins qu'il regarde comme nécessaires aux communications.

Cet état séjourne un mois à la mairie ; il est soumis ensuite aux délibérations du conseil municipal, et le sous-préfet transmet le tout au préfet. Il faut distinguer entre la déclaration et la reconnaissace de vicinalité ; par la déclaration de vicinalité, l'autorité élève au rang des chemins vicinaux une voie de communication que son importance actuelle et récente commande de placer dans cette classe ; au contraire, la reconnaissance s'applique aux chemins que l'importance qu'ils ont toujours eue aurait dû faire porter sur le tableau des chemins vicinaux de la commune, dressé en vertu des lois des 6 octobre 1791 et 9 ventôse an XIII ; mais les effets des arrêtés portant reconnaissance ou déclassement sont les mêmes : ainsi, si la demande en reconnaissance formée par la commune est rejetée, il n'y aura pas de recours contentieux, si le préfet a motivé son arrêté sur le peu d'importance du chemin dont il s'agit ; si, au contraire, le refus est motivé sur ce que le chemin n'existe pas en nature de chemin public, comme alors les droits de propriété que peut avoir la commune se trouvent méconnus, un recours sera possible ; pour déclasser un chemin vicinal, le préfet appelle les communes intéressées à délibérer sur son utilité et à sa conservation ; s'il n'y a pas unanimité, une enquête est ouverte dans ces mêmes communes. — Le classement des chemins vicinaux de grande communication est opéré, aux termes de l'art. 7 de la loi du 21 mai 1836 par le conseil général du département, sur l'avis des conseils municipaux, des conseils d'arrondissement et sur la proposition du préfet. Quant au déclassement, il s'opère dans les mêmes formes et la marche à suivre est la même que pour le classement. — Le préfet, en vertu de l'art. 16 de la loi du 22 mai 1836, autorise le redressement, et les travaux d'ouverture des chemins vicinaux. — Si les travaux donnent lieu à une expropriation , la marche à suivre est tracée par la loi du 3 mai 1831. — Si un chemin est trop étroit et que le préfet déclare par un arrêté que ce chemin aura plus de largeur , cet arrêté considéré comme une délégation du pouvoir législatif , appartient par déclassement à l'administration active au premier chef , et le droit des riverains ne peut se résoudre qu'en une indemnité (art. 15 , loi de 1836).

Si l'administration pense utile d'ouvrir un chemin ou de redresser celui qui existe, les arrêts qu'elle prend à cet égard ne donnent, par suite d'un déclassement, aucun recours contentieux aux parties dont ils peuvent frapper les propriétés ; une expropriation régulière seulement doit être poursuivie en vertu de la loi de 1836, art. 16. Les préfets fixent le maximum de la largeur des chemins vicinaux, les époques des prestations à faire , leur emploi ; ils statuent sur tout ce qui touche à la confection des rôles ; ils règlent la comptabilité, et s'occupent des détails de surveillance et de conservation.

C'est le préfet qui, après avoir pris un arrêté notifié aux parties intéressées au moins dix jours avant que son exécution puisse être commencée, autorise les extractions de matériaux, les dépôts ou enlèvements de terre , les occupations temporaires de terrain.

Il peut aussi, mais d'une manière provisoire, rétablir un ancien chemin intercepté, le rendre à la circulation ; en ordonnant l'enlèvement des barrières qui l'obstruent et tous les obstacles qui s'opposent à la libre circulation. Lorsque la propriété d'un chemin est en discussion, le préfet peut maintenir le public en possession provisoirement jusqu'à l'issue du procès.

Les communes ne peuvent point suffire seules à l'entretien des chemins vicinaux ; alors le préfet, suivant les besoins de chacune de ces communes, leur distribue les subventions accordées sur les fonds départementaux pour les réparations relatives à ces chemins.

Lorsqu'un conseil municipal mis en demeure n'a pas voté dans la session désignée à cet effet les prestations et centimes nécessaires , le préfet pourra d'office soit imposer la commune dans les limites du maximum, soit faire exécuter les travaux. Le préfet peut aussi, quand un chemin vicinal qui intéresse plusieurs communes, désigner les communes qui doivent concourir à sa construction ou à son entretien, et fixer la proportion dans laquelle chacune d'elles y contribuera.

Lorsqu'un chemin vicinal de grande communication intéresse deux départements, et que les conseils généraux de chacun de ces départements adoptent une décision différente, un conflit s'élève et c'est la juridiction gracieuse du ministre qui doit trancher la question.

Nous avons indiqué succinctement la juridiction administrative gracieuse en matière de chemins vicinaux, parlons maintenant de la juridiction contentieuse.

Juridiction contentieuse.

Pour traiter cette juridiction, nous examinerons successivement les attributions du ministre de l'intérieur, du conseil de préfecture et du Conseil-d'Etat, qui sont investis de la juridiction administrative contentieuse.

Juridiction ministérielle.

Compétent pour reconnaître et déclarer, après instruction des préfets, la vicinalité des chemins, le ministre l'est également pour déterminer leur direction ; il fixe leurs anciennes limites, et déclare, dans les contestations qui s'élèvent entre les particuliers et les communes, si un chemin est ou non vicinal.

La répartition entre les communes intéressées des dépenses relatives aux chemins vicinaux, tombe sous la juridiction contentieuse du ministre (Conseil-d'Etat, 8 février 1838, 4 mai 1843).

Il fixe aussi annuellement les proportions dans lesquelles les communes intéressées doivent concourir aux dépenses relatives aux chemins de grande communication.

C'est lui qui détermine les proportions dans lesquelles les propriétés de l'Etat et de la couronne contribuent aux dépenses des chemins vicinaux

(Conseil-d'Etat, 16 août 1833, 17 août 1836, 19 décembre 1838.—Chauveau, *Principes de compétence et de juridiction,* nº 1287, 3e volume).

Juridiction des conseils de préfecture.

Les conseils de préfecture sont appelés à statuer sur les demandes en décharge ou en réduction des prestations pour les travaux de chemins vicinaux. — Sur les oppositions au recouvrement du rôle unique des prestations pour les travaux relatifs, soit au curage d'un cours d'eau, soit à la réparation des chemins vicinaux d'une commune (Conseil-d'Etat, 19 novembre 1837).

Ce sont les conseils de préfecture qui règlent les subventions dues à raison de dégradations causées par des exploitations de mines, carrières, forêts ou de toutes autres entreprises industrielles appartenant à des particuliers, à des établissements publics, à la couronne ou à l'Etat (art. 14, 1. de mai 1836; art. 7, loi de juillet 1824 ; C. d'Et., 21 oct. 1835).— Ils règlent les indemnités dues pour extraction de matériaux, dépôts ou enlèvement de terre et occupation temporaire de terrains. Ce réglement est fait sur rapport d'experts, nommés, l'un par le sous-préfet, l'autre par le propriétaire, et qui, en cas de discord, s'en adjoignent un troisième, nommé par le conseil de préfecture (art. 17, loi de 1836).

Enfin, les conseils de préfecture statuent sur l'arrachement des arbres et bornes plantés sur le bord des chemins, sur le comblement des fossés et l'enlèvement des obstacles à la circulation, et sur la réintégration du sol usurpé (C. d'Et., 2 sept. 1840 ; 25 déc. 1840, 14 juill. 1841, etc.).

Juridiction du Conseil d'Etat.

Le Conseil-d'Etat forme le deuxième degré de juridiction administrative pour tout ce qui concerne le contentieux. Ses règles de juridiction sont générales et s'appliquent à la matière des chemins vicinaux, comme à toute autre matière sans distinction. Devant lui sont portés les recours contre les décisions des tribunaux administratifs du premier degré. — Quant aux chemins vicinaux, il n'est en rien dérogé aux règles ordinaires qui régissent le Conseil-d'Etat.

QUESTION.

Le ministre est-il compétent pour connaître de la répartition entre les communes intéressées, des dépenses relatives aux chemins vicinaux? — Oui.

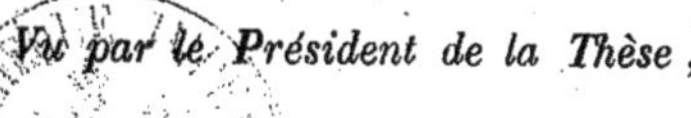

Cette Thèse sera soutenue en séance publique, le   avril 1860, dans une des salles de la Faculté.

Vu par le Président de la Thèse,

CHAUVEAU-ADOLPHE.

Toulouse, Imprimerie Troyes Ouvriers Réunis, impr.-libr.

9 782019 994693